Guten Morgen Yoga

Eine Aufwachgeschichte für kleine Yogis

Mariam Gates
ILLUSTRATIONEN VON
Sarah Jane Hinder

riva

Für meine großartigen und wunderschönen Kinder Emilia und Ptolemy

MG

Für meine bezaubernden Nichten Stacey und Isabel. Mein Traum, Tante zu werden, ist wahr geworden.

SJH

Während ich ein- und ausatme,
strecke ich die Arme zu den Seiten,
dann zum Himmel
und lasse sie wieder sinken.

Ich atme tief ein und aus

Während ich ein- und ausatme,
drehe ich den Oberkörper
von einer Seite zur anderen
und schwinge die Arme vor und zurück.

und schüttle allen Schlaf aus mir raus.

Während ich ein- und ausatme,
stelle ich mich auf die Zehenspitzen und
strecke meine Hände so hoch ich kann.

Heut bin ich der größte Vulkan der Welt,

Während ich ein- und ausatme,
gehe ich in die Knie und
strecke die Arme nach hinten.

als fliegender Skifahrer ein echter Held,

ein zackiger Blitz, der den Himmel erhellt.

Während ich ein- und ausatme,
lasse ich die Knie gebeugt und
strecke die Arme nach oben.

Während ich ein- und ausatme,
drücke ich die Füße auf den Boden
und richte den Rücken auf.
Ich lasse die Schultern nach hinten sinken
und lege meine Hände aneinander.

Heut bin ich ein Berg,
der ruhig und aufrecht steht,

ein Fluss, der sich sanft fließend
ins Tal bewegt,

Während ich ein- und ausatme,
mache ich den Rücken rund,
beuge leicht die Knie und lasse
den Oberkörper nach unten sinken.

ein Hund, der sein Schwänzchen
zum Himmel hebt.

Während ich ein- und ausatme,
drücke ich Hände und Füße
fest auf den Boden und
hebe die Hüften zum Himmel.

Heut bin ich Entdecker,
wach und gespannt,

Während ich ein- und ausatme,
stütze ich mich auf Hände und Knie.
Ich strecke meinen linken Arm nach vorn
und das rechte Bein nach hinten aus
und halte kurz das Gleichgewicht.
Dann wechsle ich die Seiten.

überquere Brücken im ganzen Land,

Während ich ein- und ausatme,
lege ich mich auf den Rücken.
Ich drücke die Füße in den Boden,
stütze mich mit den Unterarmen ab
und strecke die Hüften nach oben.

segle mit dem Boot
an den schönsten Strand.

Während ich ein- und ausatme,
setze ich mich aufrecht hin und
hebe Beine und Arme vom Boden ab,
meine Knie sind gebeugt oder gerade.

»Ich schaffe das«, sage ich,
fühle mich ruhig und stark,

ein tiefer Atemzug, ein und aus – ich bin bereit für den Tag!

Während ich ein- und ausatme,
setze ich mich in den Schneidersitz.
Mein Rücken wird immer länger,
die Schultern sinken nach hinten,
meine Hände liegen auf den Knien.

Guten-Morgen-Übungsreihe

Sonne

Strecke die Arme zu den Seiten aus, dann zum Himmel und lass sie wieder sinken.

Oberkörper-Drehung

Drehe den Oberkörper von einer Seite zur anderen und schwinge die Arme vor und zurück.

Vulkan

Stelle dich auf die Zehenspitzen und strecke die Finger nach oben.

Herabschauender Hund

Drücke Hände und Füße fest auf den Boden und strecke die Hüften zum Himmel.

Diagonale Katze

Stütze dich auf Hände und Knie. Strecke den linken Arm nach vorn und das rechte Bein nach hinten aus und halte einen Moment das Gleichgewicht. Dann wechsle die Seiten.

Skispringer

Gehe in die Knie und strecke die Arme nach hinten.

Blitz

Lass die Knie leicht gebeugt und hebe die Arme nach oben.

Berg

Drücke die Füße auf den Boden und richte den Rücken auf. Lass die Schultern nach hinten sinken und lege die Hände aneinander.

Vorwärtsbeuge

Mach den Rücken rund, beuge die Knie leicht und lass den Oberkörper nach unten sinken.

Brücke

Lege dich auf den Rücken, drücke die Füße gegen den Boden. Stütze dich mit den Unterarmen ab und strecke die Hüften nach oben.

Boot

Setze dich aufrecht hin und hebe Beine und Arme an, die Knie sind gebeugt oder gerade.

Hellwach

Richte im Schneidersitz den Rücken auf, lass die Schultern nach hinten sinken. Deine Hände liegen auf den Knien.

MEDITATION

Wie ich mich heute fühlen möchte

Setze dich gemütlich hin. Schließe die Augen und lass deine Hände locker auf den Knien ruhen. Wachse ein Stückchen, indem du den Rücken aufrichtest und die Schultern nach hinten sinken lässt.

Atme tief ein und langsam und ruhig aus. Entspanne deinen ganzen Körper. Spüre beim nächsten Einatmen, wie die Luft in dich hineinströmt, und atme langsam wieder aus. Fühlt sich die Luft kühl an? Oder warm?

Nun forme in deinen Gedanken ein Wort, das beschreibt, wie du dich heute fühlen möchtest – vielleicht fröhlich, entspannt oder neugierig. Das Wort könnte auch glücklich, friedlich, begeistert oder mutig sein. Wähle das Wort, das dieses Gefühl am besten ausdrückt. Halte es in deinen Gedanken fest.

Nimm das Gefühl, das du dir wünschst, beim Einatmen in dich auf und lass es beim Ausatmen in die Welt hinaus. Spüre, wie du heute sein möchtest. Atme noch einmal tief ein und langsam aus. Öffne deine Augen. Du bist bereit für diesen Tag!

Über die Autorin

Mariam Gates besitzt einen Master in Pädagogik von der Harvard University und mehr als zwanzig Jahre Erfahrung in der Arbeit mit Kindern. Ihr berühmtes Kid-Power-Yoga-Programm verbindet ihre Liebe zum Yoga mit dem Bestreben, Kindern Zugang zu ihren inneren Fähigkeiten zu vermitteln. Mariam lebt mit ihrem Ehemann und ihren zwei Kindern in Santa Cruz in Kalifornien. Sie hat auch das Buch *Gute-Nacht-Yoga* verfasst.

Über die Illustratorin

Sarah Jane Hinder entdeckte die Liebe zum Zeichnen bereits in ihrer Kindheit, als sie beschloss, ihr Liederbuch mit einem blauen Buntstift zu verschönern – jede einzelne Seite. Als Erwachsene unterrichtete sie mehrere Jahre lang Kunst und Design, bevor sie Vollzeit-Illustratorin wurde. Sie entwarf Acryl-Bilder für zahlreiche Kinderbücher. Mit ihrem Ehemann und zwei Chihuahua-Hunden lebt sie im englischen Manchester.

1. Auflage 2019

Nymphenburger Straße 86, D-80636 München, Tel.: 089 651285-0

Die amerikanische Originalausgabe erschien 2016 bei Sounds True unter dem Titel *Good Morning Yoga*.
Dieses Werk wurde vermittelt durch die Agentur Agence Schweiger.

Übersetzung: Sandra Grimm | Redaktion: Ulrike Reinen | Layout: Beth Skelley | Satz: Carsten Klein, Torgau | Druck: Graspo CZ, Tschechische Republik | Printed in the EU

ISBN Print 978-3-7423-0820-7 | ISBN E-Book (PDF) 978-3-7453-0449-7 | ISBN E-Book (EPUB, Mobi) 978-3-7453-0450-3